खुद से गुफ़्तगू

तन्हाई का आलम

Nipoorva

BookLeaf Publishing

India | USA | UK

Made with ❤ on the BookLeaf Publishing Platform
www.bookleafpub.in
www.bookleafpub.com

Dedication

To the silent nights and the moon, always there to comfort me,
to the quiet moments in my room where loneliness became a companion.
To those who taught me the true meaning of love,
and to those who showed me the priceless value of self-love.

This book is for everyone who feels emotions deeply,
for those who have endured heartbreak and seek healing,
and for those ready to embrace the empowering beauty of self-love.

Preface

In the quiet moments between heartbeats, when the world fades into silence, "खुद से गुफ़्तगू: तन्हाई का आलम" was born.

This collection is a heartfelt testament to the intricate dance of love, the tender pain of heartbreak, and the profound journey toward self-love. Through these poems, I share my deepest conversations with my heart and the moon—moments of soaring joy, aching loss, and quiet self-discovery.

This book gently reminds us to look inward in a world where we often seek love outwardly. In embracing our soul, we find strength, healing, and the purest form of love. Each poem reflects the universal highs and lows of human experience, inviting you to explore your emotions alongside mine.

"खुद से गुफ़्तगू: तन्हाई का आलम" is an invitation to rediscover yourself through the warmth of love, the bittersweet beauty of heartbreak, and the empowerment of self-acceptance. I hope these words serve as both a mirror and a guide, helping

you embrace every facet of your journey with courage and grace.

With every line, may you find a part of yourself and feel inspired to celebrate the beauty of being whole.

With love,
Nipoorva

Acknowledgements

I would like to express my deepest gratitude to everyone who has been a part of this journey. This book would not have come to life without your support, encouragement, and love.

To my family, who have always been my pillar of strength, providing unconditional love and understanding, even in the quietest of moments. You have been my guiding light in times of darkness.

To my friends, whose unwavering belief in me reminded me that love is not just something we give to others, but also to ourselves. Your words of comfort and laughter are woven into the fabric of this collection.

To the silent nights and the moon, whose gentle presence helped me find peace in solitude, and to the stars that guided me during my most challenging moments.

A special thank you to the readers, whose hearts are open to the vulnerability of these poems. Your

*connection with these words is what makes them
truly meaningful.*

*Lastly, to myself—who dared to love, to feel, and to
heal. This collection is a reflection of my own growth,
and I am proud to share it with the world.*

With heartfelt thanks,
Nipoorva

1. इश्क में फकीर

क्या करूँ मैं भाषा इतनी सारी जानकर
मुझे इश्क जब तुमसे इशारों में ही करना है,
क्या करूँ मैं इस ऊंचाई पर बैठ कर
अंत मे जब मुझे इस ज़मीन में ही गढ़ना है,
क्या करूँ मैं कभी इधर तो कभी उधर भटक कर
खुद को फ़ना जब मुझे तुम ही में करना है,

और क्या करूँ मै इस हीरे के हार को पहन कर
जब मुझे तुम संग फकीर ही होना है,
हम दोनों को इश्क में ही अमीर होना है,
मैनें बस ताज तेरे इश्क का पहन लिया,
अब भला मुझे कहाँ का अमीर होना है,
क्या करूँ मै भाषा इतनी सारी जानकर
मुझे इश्क जब तुमसे इशारों मे ही करना है।

2. शाम और वो

वो सूरज सी ढल जाती है हर शाम को,
किसी की यादों में घिर जाती है वो
हर शाम को,
खुद को समेट लेना चाहती है,
चाँद को अपने दिल के सारे राज़ बताती है वो
हर शाम को,
गुज़ार लेती है दिन तो लोगों की भीड़ में
मगर,
बस खुद को अकेले मे कहीं खो देती है वो
हर शाम को।

3. इश्क या फरेब?

कभी इश्क दिखाते हो
करते कभी फरेब हो तुम,
मन में रंजिश रखे हुए भी
हमदर्दी कैसे जताते हो तुम,
न जाने एसे वक़्त -वक़्त पर कैसे बदल जाते हो तुम,
कल करीब होकर सारे राज़ जान लिए
आज उन्हीं को बेनकाब कितनी मासूमियत से करते हो तुम,

बड़ा गुरुर सा है तुमको जो तुम्हारे इस वक़्त पर,
जो वक़्त ही बदलता रहता है
यकीन उस पर कैसे करते हो तुम ,

खुद को बड़े होशियार समझने लगे हो,
मगर इस बदलते वक़्त के आगे
काफी अहमक से लगते हो तुम,
कभी इश्क दिखाते हो
करते कभी फरेब हो तुम।

4. सितारों की बस्ती

जो रातें डराया करती थी कभी
पास बुलाती हैं अब वही,
जो नींद दिया करती थी सुकून कभी
सताने लगी है अब वही,

रातों को लगा लिया है अब गले से
दिनों के उजालों का एतबार नहीं है अब मुझे,
न जाने ये दिन कब ढल जाएँ
मगर रातों के अँधेरों में भी ये सितारे नज़र आते हैं मुझे,

तुझे भी ये नज़रें ढूंढती हैं इन सितारों में
क्या पता आज भी तू देखता हो
मुझे तड़पता हुआ तेरी यादों में,

जानती हूँ कि तू यहीं है इंसानों की नगरी में
मगर तू दिखता नहीं है कहीं आजकल,
तो सहारा ढूंढ लिया है मैंने भी
अब सितारों की बस्ती में।

5. चाँद का टुकड़ा

चाँद का टुकड़ा नहीं, बस,
मुझे पूरा चाँद बनना है,
अपने ही धागों से अब मुझे मेरा आसमान बुनना है,
वो खुश हैं रहकर एक ही कोने में,
मगर मुझे तो पूरा जहां मेरे नाम करना है,
चाँद का टुकड़ा नहीं ,बस ,मुझे पूरा चाँद बनना है।

और अब उनके लिए नहीं,
खुद के लिए ही खुद को इश्क का पैगाम लिखना है,
चाँद का टुकड़ा नहीं ,बस, मुझे पूरा चाँद बनना है।

चखते ही जिसे वो मदहोश हो जाएं,
फिर कुछ पल के लिए खुद में ही वो खो जाएं,
सभी को मदहोश करने वाला
मुझे वो जाम बनना है,
चाँद का टुकड़ा नहीं, बस, मुझे पूरा चाँद बनना है।

उदास हैं वो
उनको खुशी का तोहफा देना है,
उनके अंधेरे जीवन में मुझे अब जुगनू बन जलना है,

चाँद का टुकड़ा नहीं, बस, मुझे पूरा चाँद बनना है।

बहुत कर लिया छिप कर,
जो गुन्हा किया ही नहीं,
वो गुन्हा भी कबूल कर लिया है।
अब डर कर नहीं,
इश्क मुझे अब खुले आम करना है।
चाँद का टुकड़ा नहीं, बस, मुझे पूरा चाँद बनना है।

इश्क उनका तो फीका पड़ गया,
मेरी तरफ आते आते वो दूसरी तरफ मुड़ गया,
अब इश्क का रंग गाढ़ा करके,
खुद से ही बस अब इश्क करना है ,
चाँद का टुकड़ा नहीं, बस, मुझे पूरा चाँद बनना है।

6. इश्क का सफर

इश्क में बराबरी होती नहीं
कुछ कम तो कुछ ज़्यादा होता रहता है ,
कभी दूरियाँ मिटाई नहीं जाती
तो कभी नज़दीकियाँ निभाई नहीं जाती,

कभी एक दूसरे को देखकर मुस्कुरा दिया करते हैं ,
तो कभी यादों के दरिया से बिस्तर भीगा दिया करते हैं ,

कभी इश्क के खातिर खुद को हार जाया करते हैं,
तो कभी इश्क से हार जाया करते हैं,

ये इश्क ही बराबर हो गया कभी
तो ये इश्क ही क्या होगा ,
ये इश्क ही तो है जिसमे कभी हम टूटेंगे
कभी वो फना होगा,
मगर जो भी होगा
ये इश्क कम ना होगा।

7. मन की चीख

कुछ टूट सा रहा है
आवाज़ सुनाई देती नहीं,
मगर दर्द हो रहा है
भीतर ही भीतर कुछ तो हो रहा है।

लबों पर शब्द आते नहीं,
पन्नों में सब समाते नहीं,
उसकी आँखें ही नहीं
उसका दिल भी रो रहा है,
भीतर ही भीतर कुछ तो हो रहा है।

वो कोरे पन्ने से बातें करने लगा है,
शब्दों के इस खेल से अब काफी डरने लगा है,

ज़िंदादिल अब बुज़दिल सा हो रहा है,
दिखता नहीं किसी को मगर
वो सारा का सारा खत्म हो रहा है,
भीतर ही भीतर कुछ तो हो रहा है।

खुशियों के किले राख हुए

अब गम का घर हो रहा है,
भीतर ही भीतर कुछ तो हो रहा है।

8. आसान नहीं है

आसान नहीं है उन शब्दों को कागज़ों पर उतारना
जिन्होंने हमारा दिल चीरा हो,
इन हादसों को गले से लगाना
जिन्होंने हमारा सब कुछ छीना हो,

आसान नहीं है उन ज़ख्मों पर मरहम लगाना
जो किसी अपने ने दिए हों,
आसान नहीं है उन यादों को मिटाना
जो कभी हमारे जीने की वजह रहे हों,

आसान नहीं है दर्द को छिपाकर मुस्कुराना ,
नहीं है आसान किसी खास के चले जाने पर
उसे दिल से अलवीदा कहना
और उसे कभी याद ना करना।

९. अधूरी यादें

न जाने वो प्रेम था
या बस एक ख्वाब था,
लगता है
एक अधूरा सा एहसास था,
दूर हो गया है मुझसे वो अब
जो कभी मेरे दिल के बहुत पास था।

न जाने वो मेरी कहानी का हिस्सा था,
या मेरे जीवन का सार था,
लगता है
एक सबक था
जो जीने की कला सीखाने आया था।

10. दिल का हाल

वो रोज़ तड़प उठता है
उसका नाम सुनकर
मगर
किसी को नहीं बताता
अपने दिल का हाल खुलकर।

हर एक दिन बिताता है वो मर-मर कर,
और दुनिया को लगता है
जैसे वही है जो जी रहा है,
अपनी ज़िंदगी खुलकर।

11. तुम संग एक रात

तुम संग एक रात बितानी है,
रात की चाँदनी में तुम्हें कई बातें बतानी हैं,
सीने पर सर रख कर तुम्हारे
तुम्हारे मन की व्यथा जाननी है,
तुम संग बस एक रात बितानी है।

दिन के उजालों में जिन बातों को मेरी टाल देते हो तुम
उस रात में बस उन्हीं बातों की कहानी जाननी है,
तुम संग एक रात बितानी है।

12. मेरी पसंदीदा गज़ल

तुम्हें मैं मेरी पसंदीदा गज़ल में देखा करता हूँ
हर एक पंक्ति में बस तुम्हें ही ढूंढा करता हूँ,

वो लहराते बाल तुम्हारे,
होंठ फूल की पंखुड़ियों जैसे,
रूप तुम्हारा चाँद सा होगा
गले में चाँदनी का हार होगा।
यही सब सोच कर मुस्कुरा दिया करता हूँ,
तुम्हें मैं मेरी पसंदीदा गज़ल में देखा करता हूँ।

एक-एक शब्द में तुम मेरे करीब हो जाती हो,
मुझे ज़िंदा होने का एहसास दिलाती हो,
आँखें बंद कर के जब मैं तुम्हें तनहाई में सुनता हूँ,
तुम्हें मैं मेरी पसंदीदा गज़ल में देखा करता हूँ।

13. उसका नाम सुनकर

दिल के टुकड़े-टुकड़े हो जाते हैं
उसका नाम सुनकर ,
मगर फिर भी दिल को सुकून मिलता है
उसका नाम सुनकर।

पतझड़ के पत्तों की तरह बिछड़ चुके हैं हम
हमेशा के लिए ,
मगर फिर भी लगता है जैसे फूलों की बरसात हो रही है
उसका नाम सुनकर।

14. अब आँसू नहीं आते

रोने का जी हर रोज़ चाहता है
मगर अब आँसू नहीं आते,
वो याद हर रोज़ आता है
मगर अब उससे मिलने के ख्याल नहीं आते।

साथ रहते -रहते एक दूसरे में इस कदर खो जाते हैं हम
कि कभी अलग होने के ख्याल ही नहीं आते,
मगर लड़ते-लड़ते
इस कदर बिछड़ जाया करते हैं कि
फिर से कभी मिलने के ख्याल ही नहीं आते।
रोने का जी हर रोज़ चाहता है
मगर अब आँसू नहीं आते।

उससे जुड़ी हर याद को गले से लगाने का जी चाहता है
मगर उसके दिए तोहफे अब संभाले भी नहीं जाते
और जलाए भी नहीं जाते,
रोने का जी हर रोज़ चाहता है
मगर अब आँसू नहीं आते।

15. एक पे एक कश

एक पे एक कश वो लगाती चली गई
चलते-चलते वो सबकी बदगुमानी
का धुआँ उड़ाती चली गई।

एक जो जलते-जलते राख हो गई
उस राख को वो हटाती चली गई,
अपनी मौत को हर रोज़ करीब बुलाकर
उसे वो डराती चली गई,
एक पे एक कश वो लगाती चली गई।

दुनिया के सभी झूठे चेहरों पर से
वो पर्दा हटाती चली गई,
दिल में एक चिंगारी थी उसके
उस एक चिंगारी से वो पूरे शहर में
अपने नाम की आग लगाती चली गई,
एक पे एक कश वो लगाती चली गई।

16. चुप्पी का कारोबार

मज़ाक उड़ाया जाता है अक्सर
चुप रहने वालों का,
बाज़ार लगाया जाता है अक्सर
खुद से लड़ने वालों का,

उम्मीद के उजालों से
जलाकर राख कर दिया जाता है अक्सर हौसला
अंधेरे में रहकर खामोशी से काम करने वालों का,

गला घोंट दिया जाता है अक्सर
यहाँ पर सच्चे आशिकों का,
भुला दिए जाते हैं ऐब सारे उनके
जिनका कारोबार हो ऊंचे घरानों का,

मज़ाक उड़ाया जाता है अक्सर
चुप रहने वालों का,
गला घोंट दिया जाता है यहाँ पर सच्चाई का।

17. रातों का सामना

वो तड़पती हुई रोती रही
हर रात को,
अपने आप से मोहब्बत करने की जंग लड़ती रही
वो हर रात को,
झूठ का नकाब पहने-पहने
थक जाया करती थी सारा दिन वो,
खुद से खुद को रूबरू कराने की जुस्तजू
करती रही वो हर रात को।

18. गमों से परे

एक शाम मिला था तनहाई में मैं उससे
उसने मुझे सुनाए अपने उदास दिनों के किस्से,
मैं मुस्कुरा कर उसे बोला चलो जाने दो सारे गमों को अब तुम
मैं हूँ साथ तुम्हारे, मुझे ही निहारो बस अब तुम,
वो मुस्कुरा कर बोली मुझे नींद आ रही है,
मेरी गोद में रख कर सिर अपना चैन से फिर सोई वो
कुछ बातें याद करके चंद घड़ी रोई वो,

बोली मुझे तुम संग बस चैन से सोना है,
मगर ये लोग क्या कहेंगे इस बात का बस रोना है ,
मैंने सिर पर हाथ रख कर उसे थपकी देकर सुला दिया
उसका मासूम चेहरा देखकर फिर मैं मुस्कुरा दिया,

लोगों की बातें छोड़ो तुम
मेरा हाथ थाम कर चंद घड़ी थोड़ा और सोलो तुम,
और ले चलो मुझे अपने ख्वाबों में अपने साथ
जहां कोई कुछ कहने वाला ना हो आस-पास।

19. नवंबर की पहली ओस

नवंबर की पहली ओस आज आई है,
अपने साथ कुछ पुरानी यादें लाई है,
मैं महसूस कर रहा हूँ
इस ठंडक को पहले की ही तरह,
बस इस बार ये ओस अपने साथ तनहाई का एहसास लाई है,
नवंबर की पहली ओस आज आई है।

इस बार वो मेरे साथ नहीं है,
उसकी ठंडी हथेली मेरे हाथ में नहीं है,
एक ही कंबल में बैठकर
चाय की चुसकियाँ लिया करते थे हम जो,
अब इस कंबल में वो मेरे पास नहीं है,
इस बार की ओस मेरी आँखों में आँसू भी लाई है,
नवंबर की पहली ओस आज आई है।

20. मेरा प्रतिबिंब

मेरे कदम रुक गए उसे यूं सहमा हुआ देखकर,
मैं उसके करीब गया,
देखा उसे एक पल जी भर कर,
कुछ जाना पहचान सा लग रहा था
जैसे मेरी रूह का ही कोई हिस्सा हो,
उसकी धड़कनें भी महसूस हो रही थी मुझे
जैसे मुझसे कुछ गुफ्तगू करना चाहता हों,
आँखों में नमी सी थी,
चेहरा थका थका सा था,
वो मुझे मेरे जैसा ही लग रहा था
मुझे वो मेरा प्रतिबिंब लग रहा था।

21. तन्हाई

फासले कम करो अब खुद से तुम,
खुद को रूबरू करवाओ
अब खुद से तुम।

तन्हाई को अलवीदा कहना सीखलो,
खुद की महफ़िल में ही झूमा करो
अब खुद से तुम।

वो साथ नहीं है तो क्या हुआ,
आसमान में तारे गिना करो
अब खुद से तुम।

किसने कहा कि तनहाई कोई सज़ा है,
तन्हाई तो एक नशा है,
जिसमें डूब कर
मोहब्बत करना सीख जाते हो
खुद से तुम।